찍기

1 랄랄라 동요 대회

입을 크게 벌려 아름다운 목소리로 노래해요. 노래하는 친구들의 입안에
손가락을 가지런히 찍어 치아를 만들어 보세요.

찍기

2 맛있는 간식 시간

할머니께서 맛있는 간식을 주셨어요. 손가락을 꾹꾹 눌러 찍어서
동글동글 옥수수 알맹이와 새까만 수박씨를 만들어 보세요.

찍기

3 신기한 공룡 나라

지금은 볼 수 없지만 먼 옛날에는 공룡이 살았어요. 공룡의 등에
손가락을 찍어서 울퉁불퉁 멋진 장식을 만들어 보세요.

찍기

4 뽀글뽀글 파마머리

미용실에서 머리를 예쁘게 손질해요. 손가락을 찍어 뽀글뽀글 엄마의
파마머리와 동글동글 언니의 땋은 머리를 만들어 보세요.

5 톡톡! 고소한 팝콘

옥수수 알갱이로 맛있는 팝콘을 만들어요. 손가락 세 개를 한 번에 찍어
냄비에서 톡톡 튀어 나가는 고소한 팝콘을 만들어 보세요.

6 칙칙폭폭 기차

기차가 칙칙폭폭 소리를 내며 지나가고 있어요. 기차가 터널 속으로
들어갈 수 있도록 집게손가락을 길게 찍어 기찻길을 만들어 보세요.

찍기

7 팔랑팔랑 잠자리

잠자리채를 들고 하늘 높이 나는 잠자리를 잡아요. 집게손가락을 길게
네 번씩 찍어 팔랑팔랑 잠자리의 날개를 만들어 보세요.

찍기

8 와글와글 바닷가

바닷가에 사는 동물 친구들이에요. 손바닥을 찍어서 게를, 집게손가락을
길게 찍어서 불가사리를, 손가락을 찍어서 조개를 만들어 보세요.

9 둥실둥실 비눗방울

동물 친구들이 비눗방울을 타고 하늘을 날아요. 종이컵 윗부분에 물감을
묻히고 찍어서 동물 친구들을 태운 비눗방울을 만들어 보세요.

참 잘했어요

10 주렁주렁 포도송이

커다란 포도가 먹음직스럽게 열렸어요. 종이컵 바닥에 물감을 묻히고,
마음껏 찍어서 나무에 주렁주렁 매달린 포도송이를 만들어 보세요.

참 잘했어요

찍기

11 꼬불꼬불 양털

귀여운 양들이 풀밭에서 즐겁게 뛰어놀고 있어요. 신문지를 구겨서
물감을 묻히고, 마음껏 찍어서 꼬불꼬불한 양털을 만들어 보세요.

찍기

12 우르릉 먹구름

비가 내리려는지 하늘이 잔뜩 찌푸렸어요. 신문지를 구겨 물감을 묻히고,
마음껏 찍어서 비를 잔뜩 머금은 먹구름을 만들어 보세요.

오리기

13 짝짝! 기쁜 생일

기쁜 생일날이에요. 선을 따라 생크림 장식을 오려 예쁘게 붙여 보세요.
그리고 장식한 케이크에 알록달록 촛불 스티커도 붙여 보세요.

참 잘했어요

오리기

14 튼튼한 울타리

무서운 늑대가 양들을 잡아먹으려고 해요. 양들을 지켜 줄 수 있도록
튼튼한 울타리를 오려서 알맞은 자리에 붙여 보세요.

뒷장에서 사용하는 부분입니다.

15 차곡차곡 장난감

내가 좋아하는 장난감을 차곡차곡 정리해요. 선을 따라 여러 가지
장난감을 오린 다음, 비어 있는 칸에 마음대로 붙여 보세요.

오리기

16 즐거운 기차 여행

칙칙폭폭 기차를 타고 여행을 떠나요. 아래의 기차 조각을 오린 다음,
친구들이 탈 수 있도록 기찻길 위에 바르게 붙여 보세요.

오리기

17 맛있는 과자 파티

즐겁게 과자 파티를 준비해요. 친구와 사이좋게 나눠 먹을 수 있도록
선을 따라 과자를 오려 접시에 마음대로 붙여 보세요.

뒷장에서 사용하는
부분입니다.

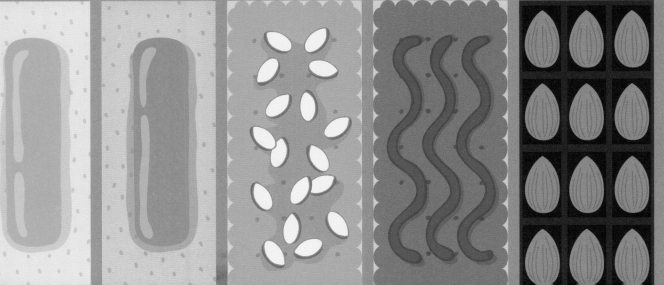

18 사이좋게 냠냠!

친구와 사이좋게 초콜릿을 나눠 먹어요. 둘이 똑같이 나눠 먹을 수
있도록 초콜릿을 오려서 알맞은 자리에 붙여 보세요.

뒷장에서 사용하는 부분입니다.

19 부지런한 난쟁이

난쟁이들이 반짝반짝 모래 위에 부지런히 집을 짓고 있어요. 선을 따라
세모 모양의 지붕을 오려서 예쁘게 붙여 보세요.

뒷장에서 사용하는 부분입니다.

20 뚝딱뚝딱 공사 중

난쟁이들이 깊은 숲 속에 뚝딱뚝딱 힘을 모아 집을 짓고 있어요. 선을 따라
세모 모양의 지붕을 오려서 튼튼하게 붙여 보세요.

뒷장에서 사용하는 부분입니다.

21 쩝쩝, 달콤한 수박

잘 익은 수박을 크게 잘라 양손에 들고 맛있게 먹어요. 선을 따라
시원하고 달콤한 수박을 오려 알맞은 자리에 붙여 보세요.

참 잘했어요

뒷장에서 사용하는 부분입니다.

22 예쁜 머리띠

엄마가 사 주신 머리띠를 하고 거울을 보며 마음껏 뽐내요. 선을 따라
알록달록 예쁜 머리띠를 오려 알맞은 자리에 붙여 보세요.

오리기

뒷장에서 사용하는 부분입니다.

23 힘을 모아 영차!

코끼리가 높은 곳에 매달린 사과를 따려고 해요. 선을 따라 차례대로
두 번 접어서 코끼리가 사과를 어떻게 먹는지 알아보세요.

24 목마른 나무꾼

나무꾼의 물병에 물이 하나도 없어요. 선을 따라 안팎으로 한 번씩 접어서
목마른 나무꾼이 마실 물을 찾아보세요.

접기

25 짜잔! 신기한 마술

마술사와 두 마리의 돼지가 신기한 마술을 보여 준대요. 선을 따라
안팎으로 한 번씩 접어서 어떤 일이 벌어지는지 알아보세요.

26 사이좋은 동물들

강아지와 고양이가 싸우고 있어요. 선을 따라 오리고 차례대로 두 번
접어서 강아지와 고양이가 어떻게 하는지 알아보세요.

27 우아! 선물 상자

선물 상자 속에 무엇이 들어 있을까요? 선을 따라 오리고 네 모서리를
모두 접어 어떤 선물이 들어 있는지 알아보세요.

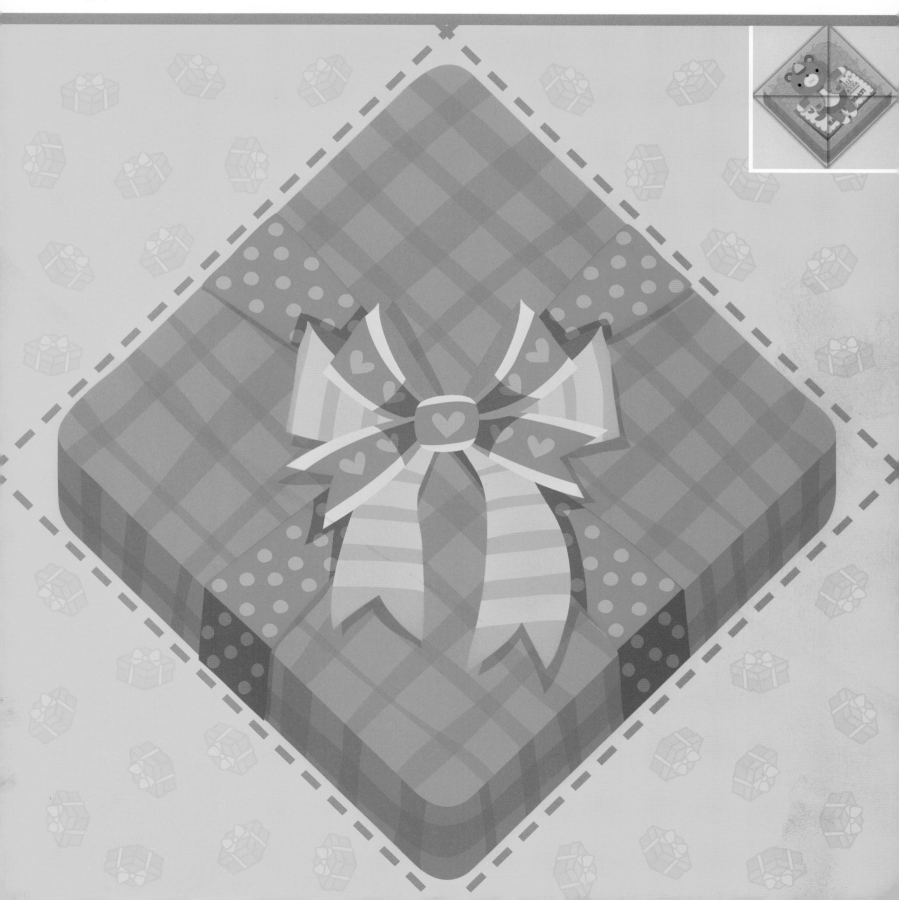

28 시원한 바닷가

무더운 여름, 시원한 바다에 왔어요. 선을 따라 오린 다음, 아래를 접고
양쪽을 접어서 신 나게 수영하는 친구들의 모습을 살펴보세요.

29 즐거운 하루

즐거운 하루를 마치고 잠자리에 들어요. 선을 따라 오린 다음, 위를 접고
양쪽을 접어 잠자리에 든 예쁜 친구의 모습을 살펴보세요.

30 흥겨운 탈춤

탈을 쓰고 친구들 앞에 가면 모두 깜짝 놀라요. 우스꽝스러운 모양의
탈을 쓰고 친구들 앞에서 재미있는 탈춤을 춰 보세요.

참 잘했어요 ☆

 만드는 방법

1 가위로 오리는 선을 따라 오려요.

2 양쪽 눈과 귀 부분을 떼어 내요.

3 고무줄을 끼워 귀에 걸고 놀이해요.

• **고무줄 끼우는 방법**

31 요정 나라 잔치

별이 반짝반짝 빛나는 밤에 꽃밭에서 요정들이 흥겨운 잔치를 열어요.
별빛과 꽃향기가 느껴지는 가면을 쓰고 요정이 되어 보세요.

만드는 방법

1 가위로 오리는 선을 따라 오려요.

2 양쪽 눈과 귀 부분을 떼어 내요.

3 스티커를 붙여 가면을 꾸며요.

4 고무줄을 끼워 귀에 걸고 놀이해요.

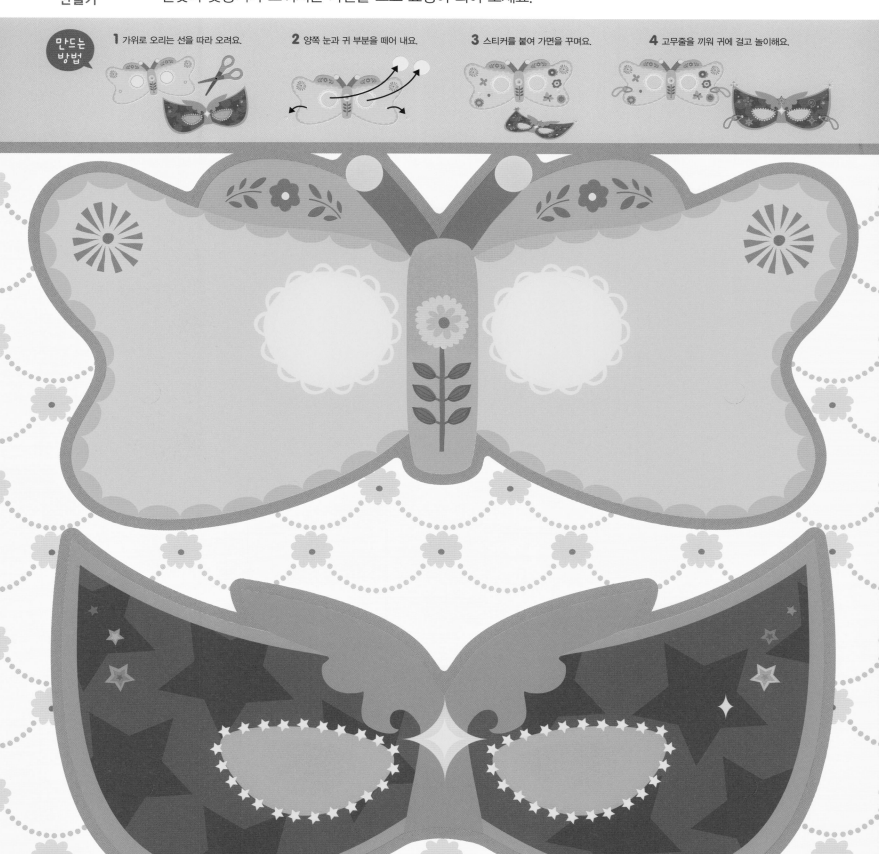

32 멋쟁이 사자

사자 아저씨가 꼬불꼬불 파마를 하고 싶어 해요. 가면을 만들고
사자 아저씨의 갈기도 멋있게 만들어 보세요.

만들기

1 가위로 오리는 선을 따라 오려요.

2 양쪽 눈과 귀 부분을 떼어 내요.

3 연필에 갈기를 말아서 꼬불거리게 해요.

4 고무줄을 끼워 귀에 걸고 놀이해요.

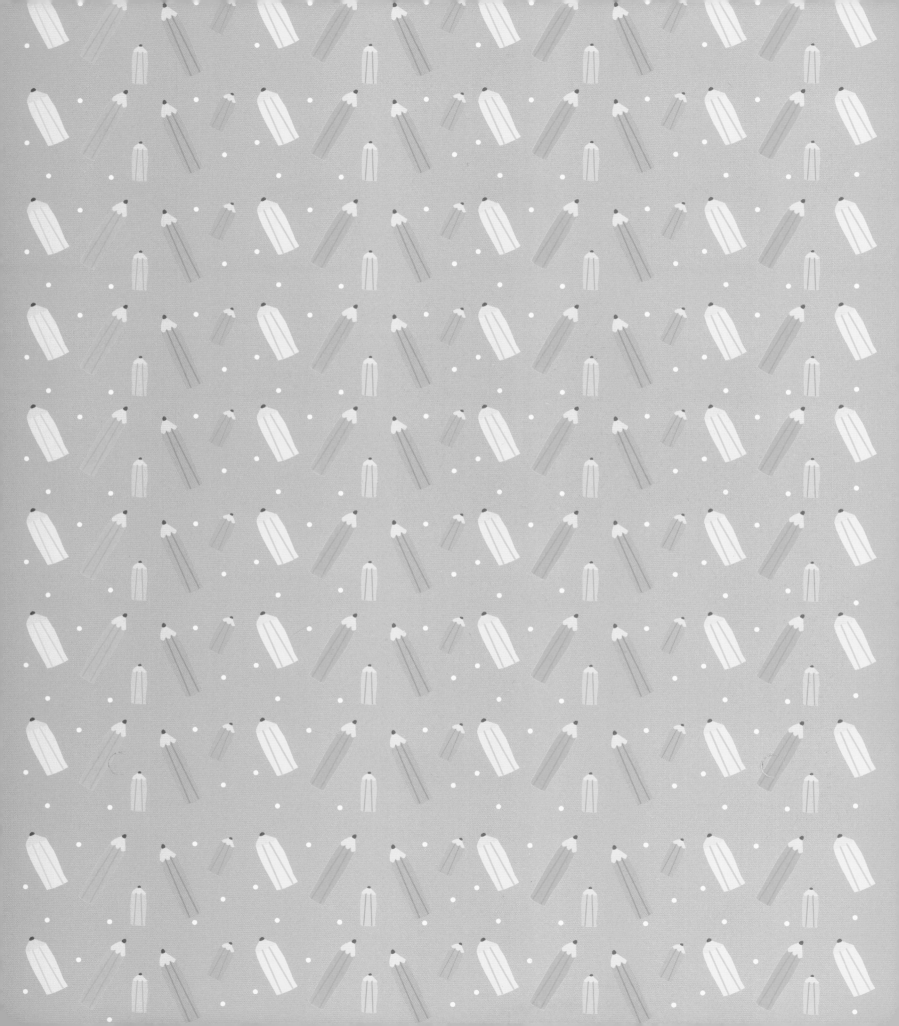

만들기

33 할아버지 구름 수염

폭신폭신 구름처럼 생긴 수염이에요. 수염 가면을 쓰고 수염을
쓰다듬으며 산타 할아버지처럼 이야기해 보세요.

만드는
방법

1 가위로 오리는 선을 따라 오려요.

2 코와 양쪽 귀 부분을 떼어 내요.

3 꼬불꼬불 수염을 오려요.

4 고무줄을 끼워 귀에 걸고 놀이해요.

34 친절한 경찰 아저씨

용감하고 친절한 경찰 아저씨는 항상 우리를 도와줘요. 경찰 모자를 쓰고 친구들을 도와주는 멋진 경찰이 되어 보세요.

1 가위로 오리는 선을 따라 오려요.

2 경찰 배지 스티커를 모자에 붙여요.

3 같은 번호끼리 풀로 붙여 양쪽 끈을 연결해요.

4 머리 둘레에 맞게 위아래로 끼워 연결해요.
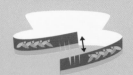

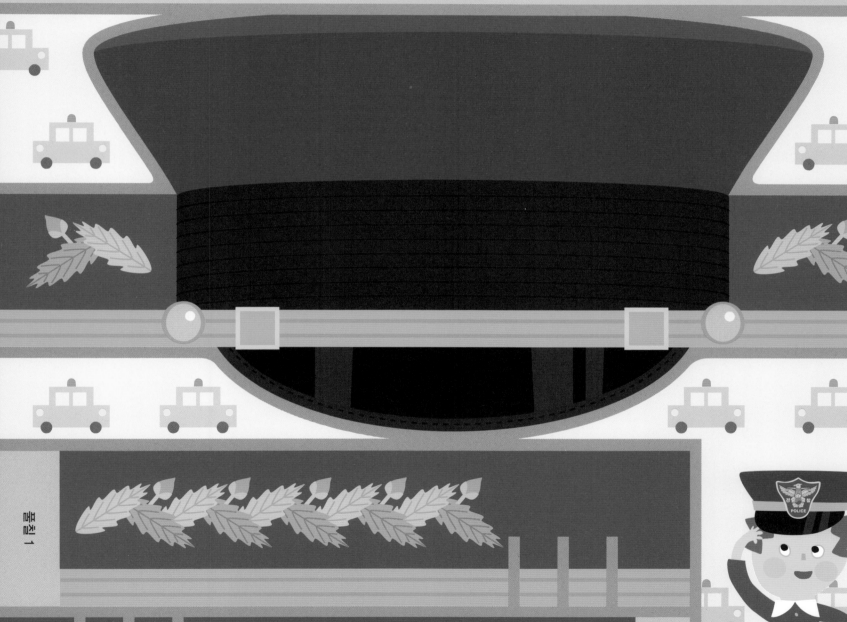

풀칠 1

풀칠 2

굿네이름 1

붙이는 곳 2

35 오늘은 내가 요리사

우리 가족이 가장 좋아하는 음식은 무엇인가요? 요리사 모자를 쓰고
가족들이 좋아하는 음식을 만드는 요리사가 되어 보세요.

만들기

만드는
방법

1 가위로 오리는 선을 따라 오려요.

2 같은 번호끼리 풀로 붙여 양쪽 끈을 연결해요.

3 머리 둘레에 맞게 위아래로 끼워 연결해요.

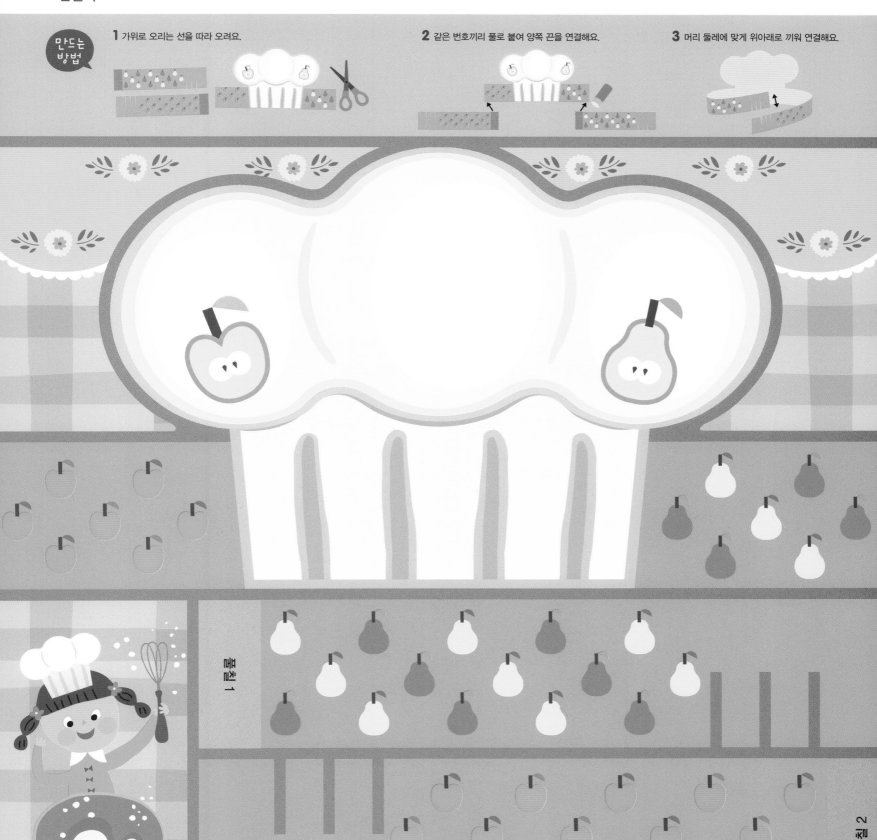

풀칠 1

풀칠 2

붙임 종이 1

붙이는 곳 2

만들기

36 삐리리릭 로봇

신기한 로봇은 어떤 소리를 낼까요? 로봇 가면을 만들어서 멋지게 쓰고
친구들과 삐리리릭 소리 내며 로봇처럼 이야기해 보세요.

만드는 방법

1 가위로 가면을 오린 뒤, 눈과 귀 부분을 떼어 내요.

2 풀칠을 해서 네모난 가면을 만들고, 안테나와 장식도 붙여요.

3 고무줄을 끼워 귀에 걸고 놀이해요.

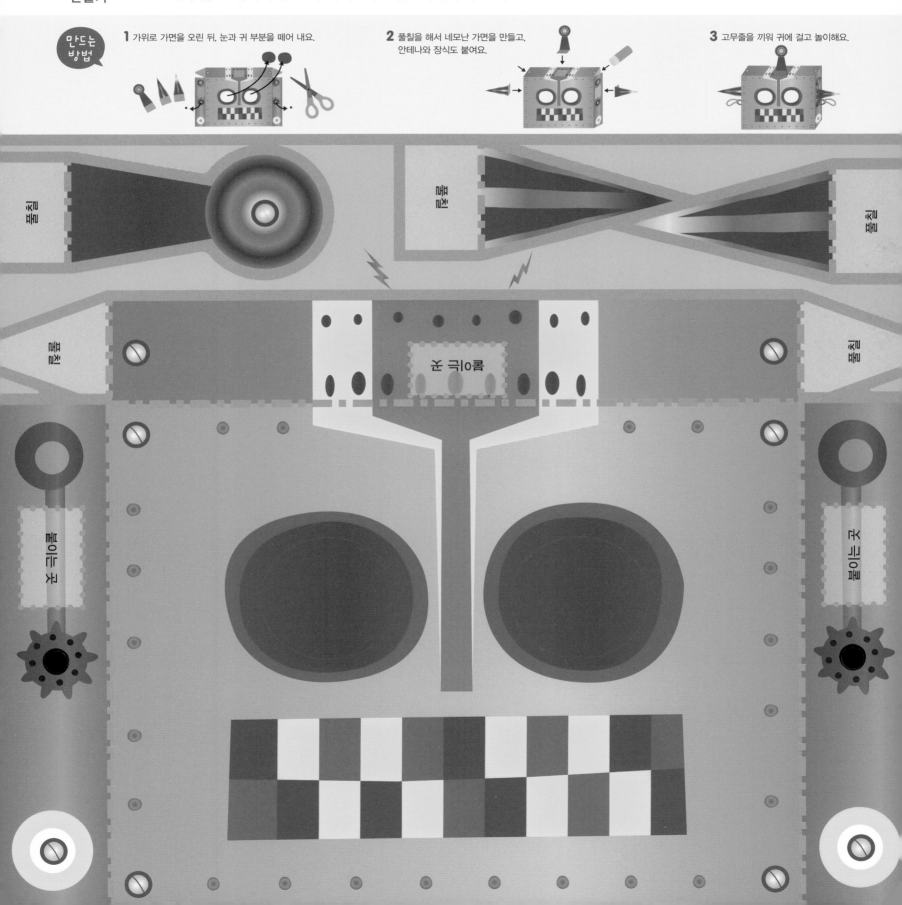

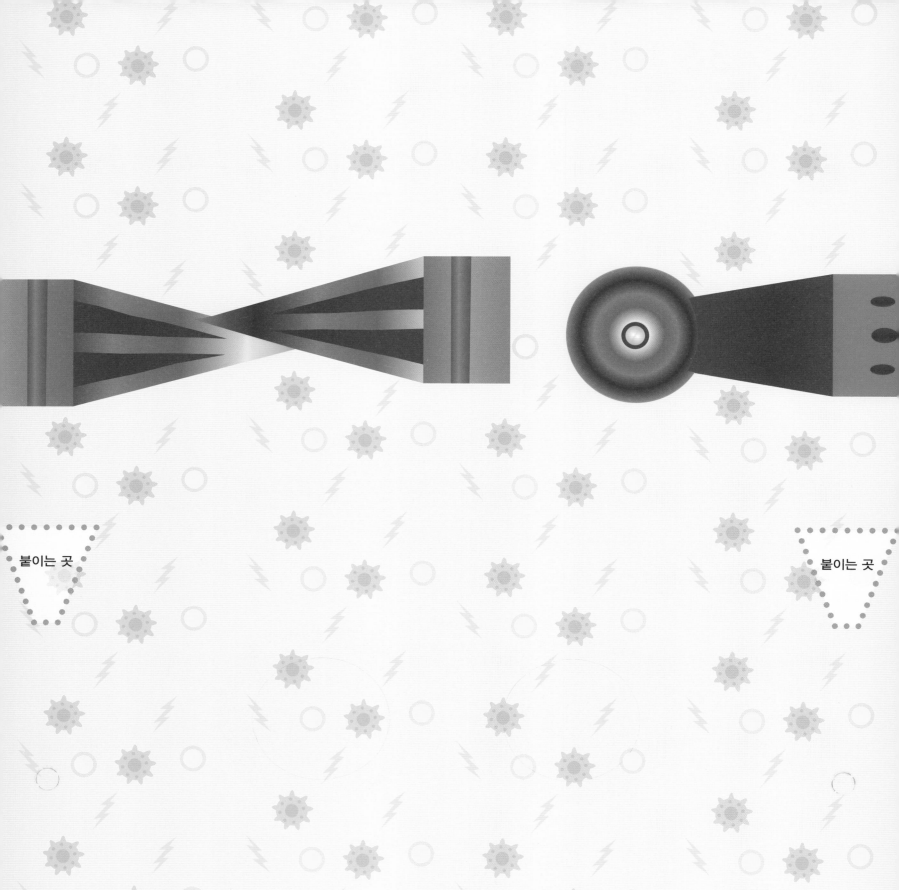

붙이는 곳

붙이는 곳

37 동물 손 인형

돼지와 양이 푸른 풀밭으로 나들이를 왔어요. 자유롭게 뛰어다닐 수 있도록 손가락 다리를 꼬물꼬물 움직여 보세요.

참 잘했어요 ☆

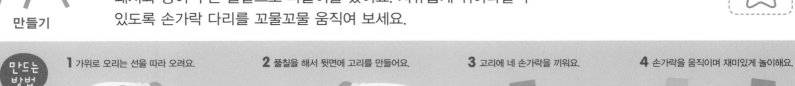

만드는 방법

1 가위로 오리는 선을 따라 오려요.

2 풀칠을 해서 뒷면에 고리를 만들어요.

3 고리에 네 손가락을 끼워요.

4 손가락을 움직이며 재미있게 놀이해요.

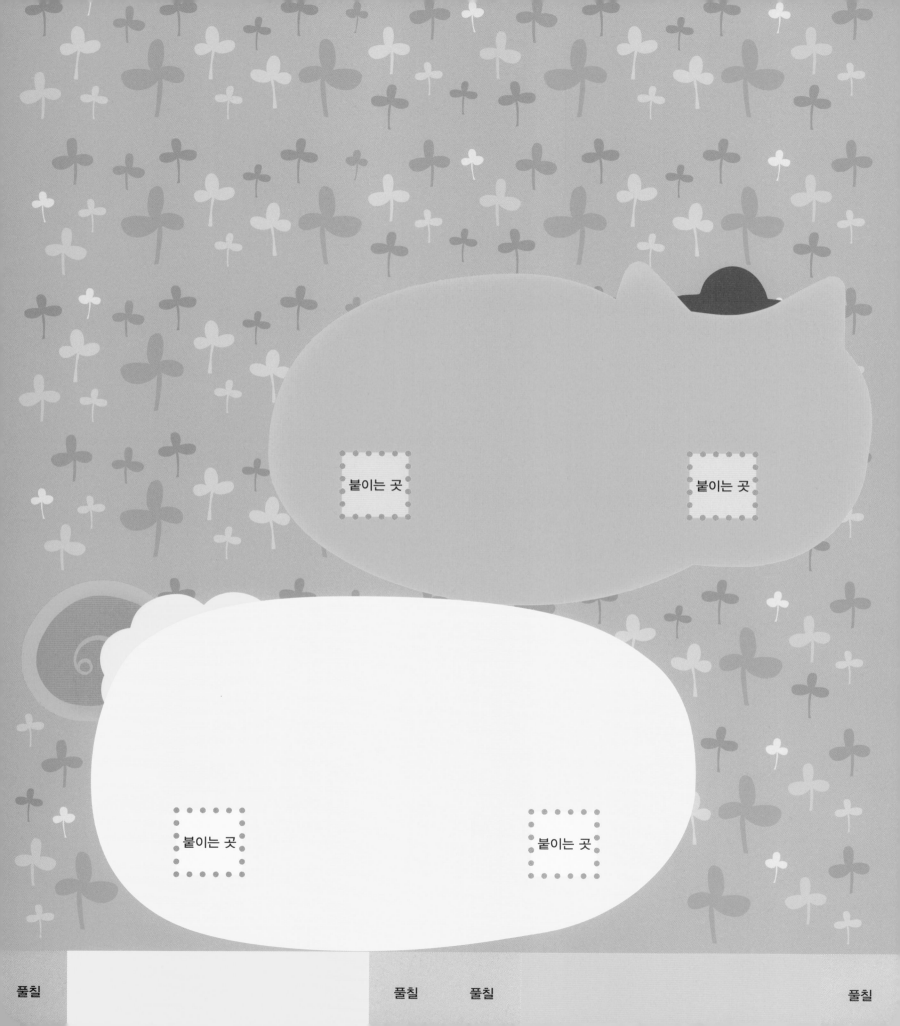

38 소풍 가는 다람쥐

만들기

아기 다람쥐가 도토리를 가지고 소풍을 가요. 귀여운 아기 다람쥐를
만들고 꼬리를 살랑살랑 흔들며 함께 소풍을 떠나 보세요.

참 잘했어요

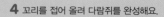

만드는 방법

1 가위로 오리는 선을 따라 오려요.

2 풀로 붙여 머리를 만들어요.

3 몸과 머리를 연결해요.

4 꼬리를 접어 올려 다람쥐를 완성해요.

뒤쪽

풀칠

뒤쪽으로 접

붙이는 곳

39 꿈틀꿈틀 애벌레

알록달록 귀여운 애벌레 두 마리가 맛있는 나뭇잎을 향해 기어가요.
꿈틀꿈틀 열심히 기어가는 애벌레를 만들어 보세요.

만들기

 만드는 방법

1 가위로 오리는 선을 따라 오려요.

2 점선을 따라 앞뒤로 접어요.

3 풀로 붙여 몸과 얼굴을 연결해요.

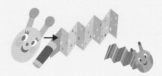

4 애벌레 꼬리를 누르며 놀이해요.

 풀칠

풀칠

붙이는 곳

붙이는 곳

40 알록달록 물고기 연못

네모난 연못에 알록달록 물고기가 살아요. 연못과 물고기를 요리조리
만들어 보고, 물고기들에게 어울리는 이름도 지어 보세요.

만들기

1 가위로 오리는 선을 따라 오려요.

2 울타리의 끝 부분끼리 끼워 네모난
연못을 만들어요.

3 물고기는 둥글게 접어 꼬리를 끼워요.

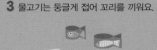

4 연못 안에 물고기를 넣고 재미있게
놀이해요.

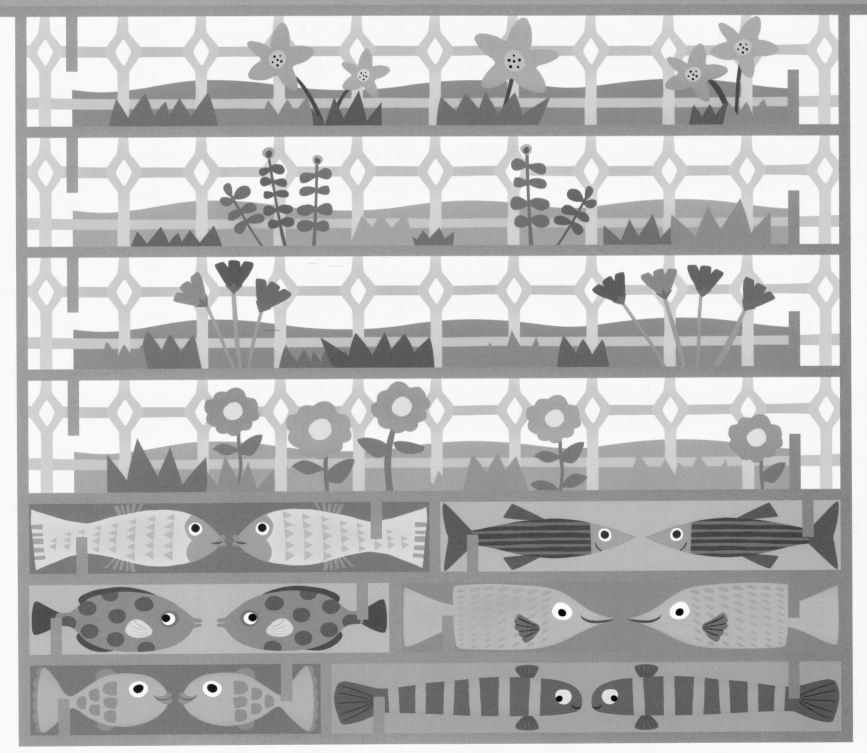

41 미끌미끌 미끄럼틀

누가 가장 먼저 미끄럼을 탈까요? 사이좋게 차례차례 탈 수 있도록
순서를 정해 동물 친구들을 미끄럼틀에 태워 보세요.

만들기

만드는 방법

1 가위로 오리는 선을 따라 오려요.

2 점선을 따라 접고 풀칠을 해서
미끄럼틀을 만들어요.

3 동물들은 둥글게 말아 붙여요.

4 미끄럼틀에 동물들을
태우며 놀이해요.

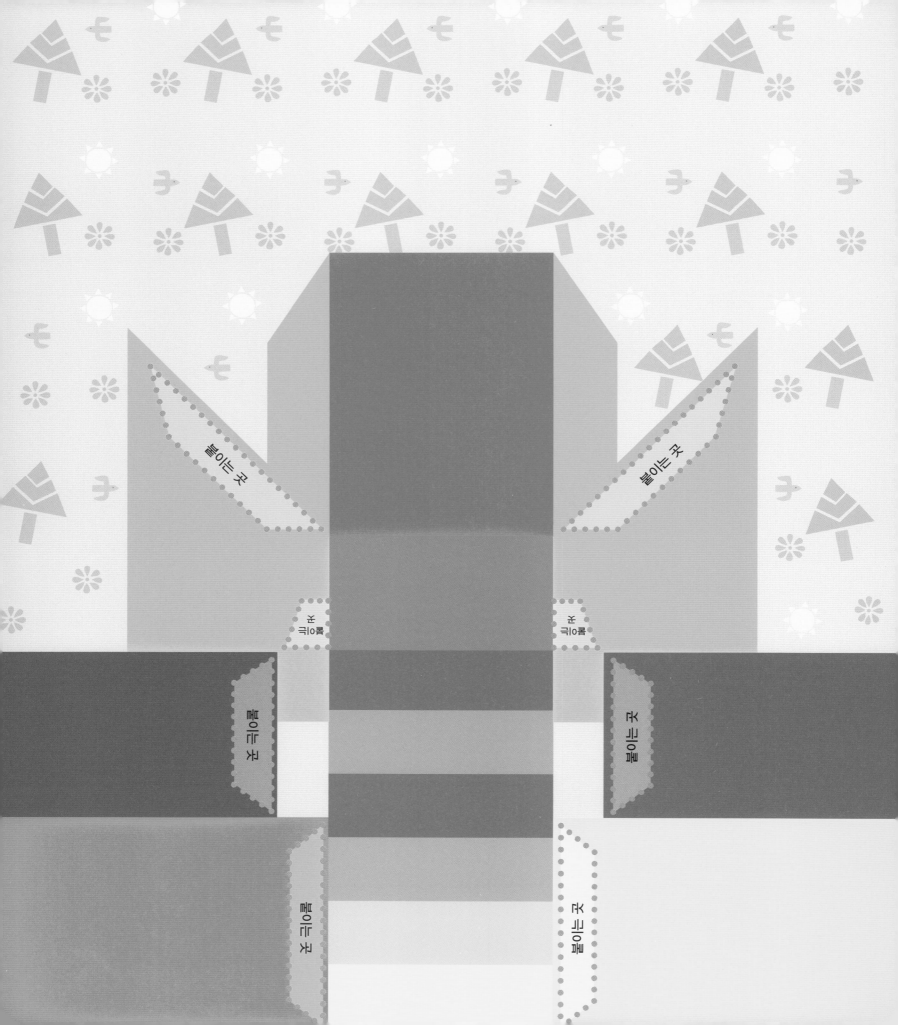

42 흔들흔들 목마

하마와 코끼리가 멋진 목마에 타려고 기다리고 있어요. 목마를 만들어
동물 친구들을 태워 주며 재미있게 놀이해 보세요.

만들기

 만드는 방법

1 가위로 오리는 선을 따라 오려요.

2 점선을 따라 반으로 접어요.

3 목마의 앞뒤 부분에 말의 머리와 꼬리를 끼워요.

4 목마 가운데 부분에 동물을 끼우고 놀이해요.

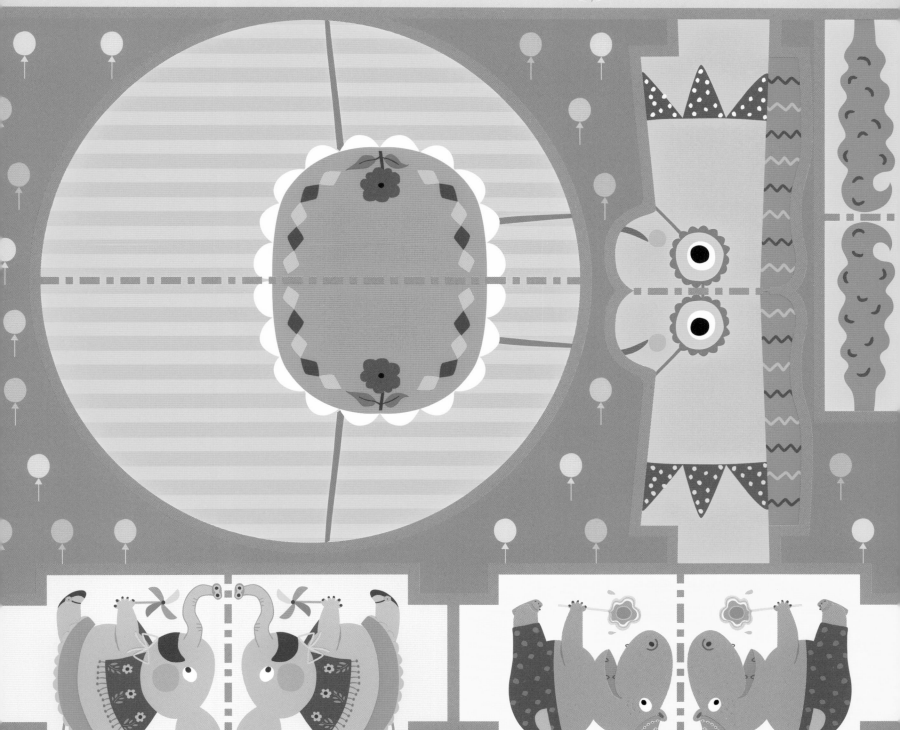

43 나만의 예쁜 슬리퍼

내 발에 꼭 맞는 슬리퍼를 만들어요. 슬리퍼에 스티커를 마음껏 붙여
나만의 슬리퍼를 완성하고 예쁘게 신어 보세요.

만들기

만드는 방법

1 가위로 오리는 선을 따라 오려요.

2 내 발 크기에 맞게 오려 발바닥을 만들어요.

3 풀칠을 해서 발등 부분을 발바닥에 붙여요.

4 스티커를 붙여서 꾸며요.

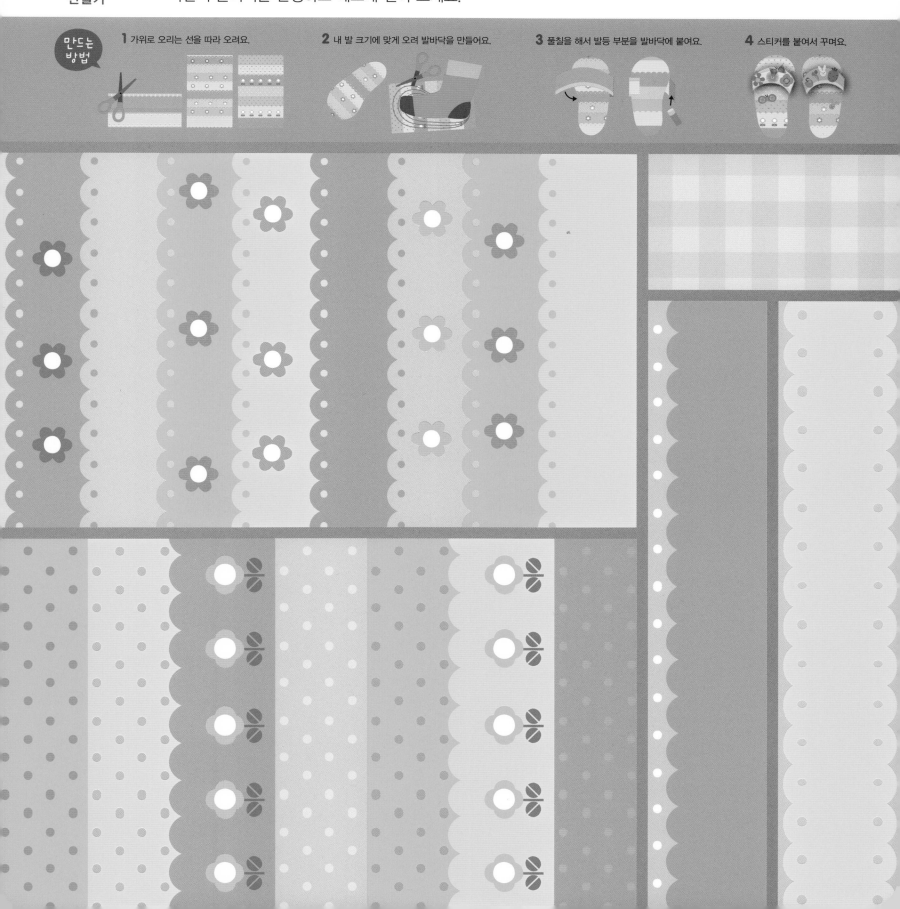

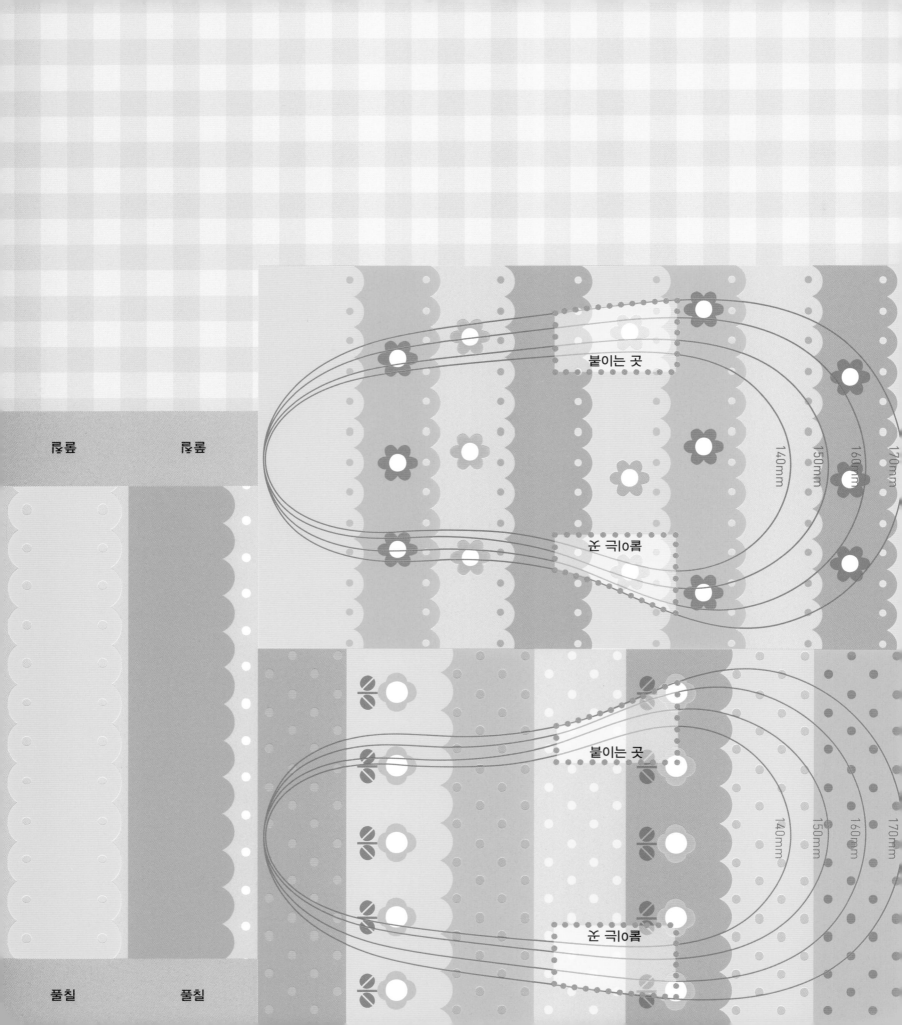

풀칠   풀칠

붙이는 곳

붙이는 곳

붙이는 곳

붙이는 곳

140mm

150mm

160mm

170mm

풀칠   풀칠

스티커 파티 200

아이들이 정말 좋아하는 스티커북, 이제 기탄 〈스티커 파티〉로 시작하세요.
생생하고 예쁜 스티커들이 아이의 눈길을 사로잡을 뿐만 아니라,
붙였다 뗐다 신 나게 놀다 보면 어느새 집중력, 사고력, 창의력이 쑥쑥!

● **기초 학습 시리즈** 한글 | 수 | 알파벳

● **사물 인지 시리즈** 탈것 | 동물 | 첫 낱말

● **지능 계발 시리즈** 창의 | 아이큐 | 퍼즐

● **역할 놀이 시리즈** 공주 | 마트 | 요리

● **지식 쑥쑥 시리즈** 명화 | 공룡 | 국기

〈스티커 파티〉는
전국 유명 서점·마트와
gitan.co.kr에서
만날 수 있어요.

대상 2~5세 유아 | 권수 총 15권 | 구성 본문 20쪽 + 스티커 6장 | 가격 각 권 **5,000원**

기탄 유아 학습 프로그램

놀이야! 공부야!

〈놀이야! 공부야!〉는 유아의 발달 수준에 맞춰 구성한 연령별 학습 프로그램입니다.
유아의 호기심을 자극하여 놀이하듯 재미있게 한글·수 학습의 기초를 튼튼히 하고,
다양한 활동과 미술 놀이로 IQ, EQ, CQ를 고르게 발달시켜 줍니다.

〈놀이야! 공부야!〉
한글·한글쓰기

〈놀이야! 공부야!〉
수학·수와 셈

〈놀이야! 공부야!〉
IQ 두뇌개발·CQ 그리기·EQ 놀이미술

gitan.co.kr
기탄 인터넷 회원이 되세요

기탄 홈페이지에 무료로 회원 가입을 하시면
발 빠른 교육 정보와 다양한 학습 자료를
무료로 이용하실 수 있으며 최신간 도서를
최저가에 구입하는 특별 혜택을 드립니다.

KC 자율안전확인신고필증번호:
CB064A140-1003

품명 : 완구
제조년월 : 2022년 1월
제조국 : 대한민국

모델명 : 놀이야! 공부야!
제조자명 : (주)기탄출판
사용연령 : 36개월 이상

※ KC마크는 이 제품이 공통안전기준에 적합하였음을 의미합니다.

⚠ 주의 스티커를 입에 넣고 빨거나 삼키지 마세요.

값 5,500원

64370

9 788979 594539

ISBN 978-89-7959-453-9
ISBN 978-89-7959-425-6(세트)

놀이야! 공부야!

손가락과 손바닥을 찍어서 자유롭게 표현해요. 재미있는 가면을 만들어 쓰고
역할놀이를 하는 등 간단한 오리기와 접기 활동을 하며 감성을 풍부하게 해요.

EQ 놀이미술

만 **2**세

G 기탄출판

이 책에서 배워요

가면을 만들어 쓰고 역할놀이를 하거나, 손바닥과 손가락을 찍으며 자유롭게 표현하는 활동을 통해 감성을 풍부하게 해요. 그리고 간단한 오리기와 접기 활동으로 성취감을 느껴요.

아래와 같은 네 가지 영역의 미술 활동으로 다양하고 고르게 감성 지능이 계발되어요.
- 찍기 – 신체나 사물을 자유롭게 찍고 다양하게 꾸미며 표현력과 미적 감각을 키워요.
- 접기 – 접는 과정을 통해 도형과 공간 개념을 기르고, 손끝을 사용하며 두뇌를 발달시켜요.
- 오리기 – 종이를 요리조리 오리며 소근육을 발달시키고 집중력과 정교성을 길러요.
- 만들기 – 입체물을 완성함으로써 공간지각력을 기르고 성취감과 자신감을 느껴요.

〈EQ 놀이미술〉

• 오리는 선 ———————	• 풀칠하는 곳	풀칠
• 안으로 접는 선 – – – – – – –	• 붙이는 곳	붙이는 곳
• 밖으로 접는 선 — – — – — – —		

2021년 8월 16일 인쇄 | 2021년 8월 23일 펴냄
구성 송승주, 변우만 | **그림** 이현경, 정승
펴낸이 안은자 | **기획·편집·디자인** 기탄교육연구소 | **디자인 진행** SALT&PEPPER Communications
펴낸곳 (주)기탄출판 | **등록** 제2017-000114호 | **주소** 06698 서울특별시 서초구 효령로 40 기탄빌딩 | **전화** (02)586-1007 | **팩스** (02)586-2337 | **홈페이지** www.gitan.co.kr
ISBN 978-89-7959-452-2, 978-89-7959-424-9(세트)

※ 잘못된 책은 구입처에서 교환해 드립니다.
⚠ 책 모서리에 다칠 수 있으니 주의하시기 바랍니다. 부주의로 인한 사고의 경우 책임을 지지 않습니다.

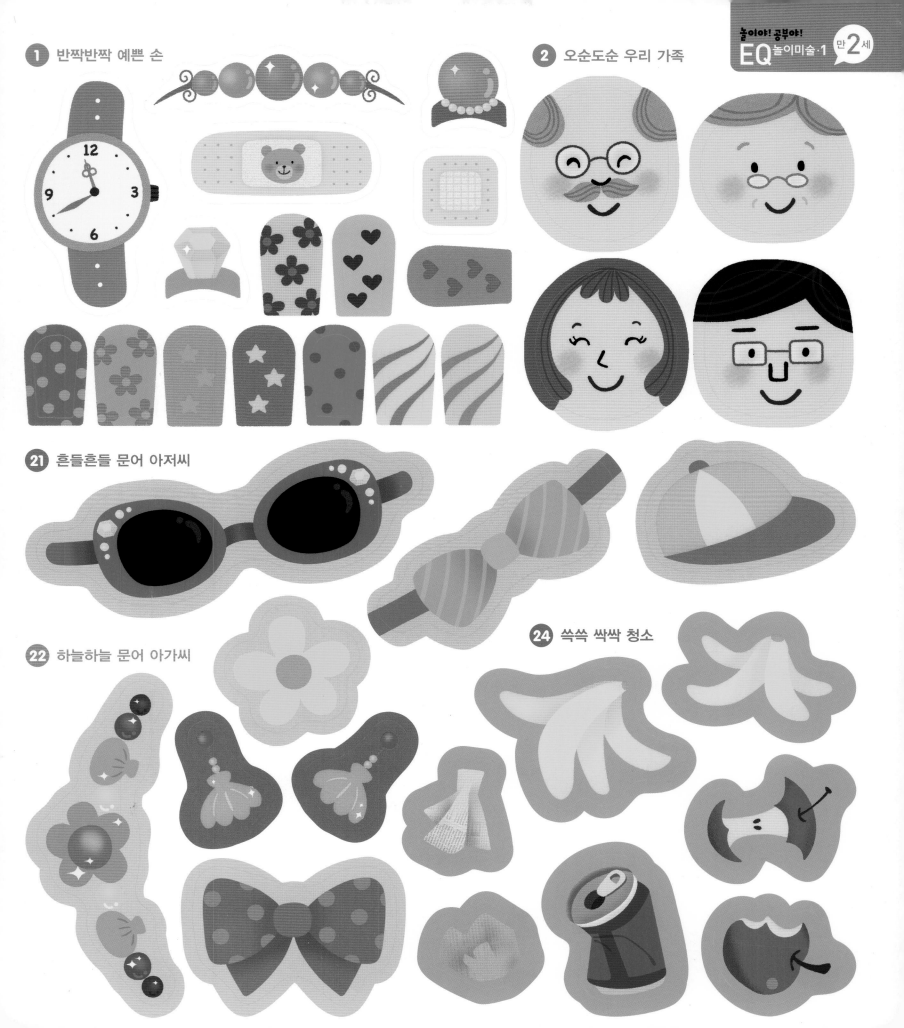

1 반짝반짝 예쁜 손

2 오순도순 우리 가족

21 흔들흔들 문어 아저씨

22 하늘하늘 문어 아가씨

24 쓱쓱 싹싹 청소

31 에헴, 멋있는 왕관

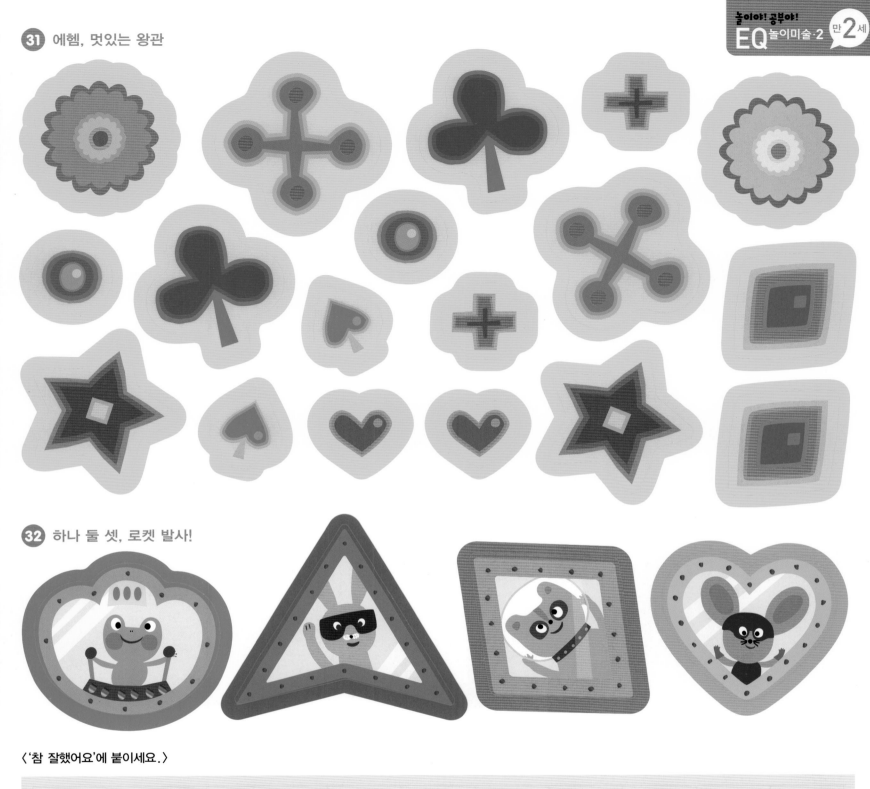

32 하나 둘 셋, 로켓 발사!

〈'참 잘했어요'에 붙이세요.〉